FULL SCORE

WSJ-18-017
＜吹奏楽J-POP楽譜＞

君の瞳に恋してない

田淵智也　作曲
宮川成治　編曲

楽器編成表		
木管楽器	金管・弦楽器	打楽器・その他
Piccolo	B♭ Trumpet 1	Drums (Normal)
Flutes 1 (& *2)	B♭ Trumpet 2	Drums (Easy) ※パート譜のみ
*Oboe	*B♭ Trumpet 3	*Timpani
*Bassoon	F Horns 1 (& *2)	Percussion 1
*E♭ Clarinet	F Horns 3 (& *4)	...Tambourine
B♭ Clarinet 1	Trombone 1	*Percussion 2
B♭ Clarinet 2	Trombone 2	...Wind Chime, Sus.Cymbal,
*B♭ Clarinet 3	*Trombone 3	Cabasa, Cowbell
*Alto Clarinet	Euphonium	Percussion 3
Bass Clarinet	Tuba	...Marimba, Xylophone,
Alto Saxophone 1	Electric Bass	Glockenspiel
*Alto Saxophone 2	(String Bass) ※パート譜のみ	
Tenor Saxophone		
Baritone Saxophone		Full Score

＊イタリック表記の楽譜はオプション

君の瞳に恋してない

◆曲目解説◆

　若者を中心に絶大な人気を誇る3ピース・ロックバンドUNISON SQUARE GARDENの新曲『君の瞳に恋してない』が吹奏楽になりました！2018年1月にリリースされたアルバム「MODE MOOD MODE」に収録されています。ピアノとホーンが入ったポップなサウンドにのせた、少しひねりのある歌詞が印象的な、彼ららしい爽やかなロックナンバーです！明るくてノリの良さ抜群なこの一曲、ぜひ吹奏楽で演奏してみてください！

◆宮川成治　プロフィール◆

　1972年、神奈川県三浦市生まれ。高校時代に吹奏楽と出会い、音楽人生が始まる。当時は打楽器を担当していた。作編曲は独学で、初めて編曲じみた事をしたのは高校3年生の頃だったように記憶している。その後、一般の大学に進むも音楽の楽しさが忘れられず、学生バンドの指導を始め今に至る。
　作曲よりも現場のニーズに合わせた編曲をする事が多く、叩き上げで今の技術と知識を身に付けた。現在は学生バンドを指導する傍ら、地域の吹奏楽団・ビッグバンド等で演奏活動を続け、作品を提供している。主な吹奏楽作品に『BRISA　LATINA』、『CELEBRATION』、『STAR of LIFE』、『Angels Ladder』、編曲作品多数。第12回「21世紀の吹奏楽"響宴"」入選、出品。

君の瞳に恋してない

UNISON SQUARE GARDEN

田淵智也 作曲
宮川成治 編曲

© 2018 by Sony Music Artists Inc.

ご注文について

ウィンズスコアの商品は全国の楽器店、ならびに書店にてお求めになれますが、店頭でのご購入が困難な場合、当社PC&モバイルサイト・FAX・電話からのご注文で、直接ご購入が可能です。

◎ 当社PCサイトでのご注文方法

http://www.winds-score.com

上記のURLへアクセスし、WEBショップにてご注文ください。

◎ FAXでのご注文方法

FAX . 03-6809-0594

24時間、ご注文を承ります。当社サイトよりFAXご注文用紙をダウンロードし、印刷、ご記入の上ご送信ください。

◎ 電話でのご注文方法

TEL . 0120-713-771

営業時間内にお電話いただければ、電話にてご注文を承ります。

◎ モバイルサイトでのご注文方法

右のQRコードを読み取ってアクセスいただくか、URLを直接ご入力ください。

※この出版物の全部または一部を権利者に無断で複製(コピー)することは、著作権の侵害にあたり、著作権法により罰せられます。

※造本には十分注意しておりますが、万一落丁乱丁などの不良品がありましたらお取替え致します。また、ご意見ご感想もホームページより受け付けておりますので、お気軽にお問い合わせください。

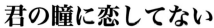
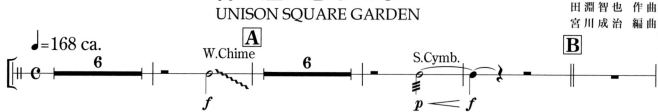

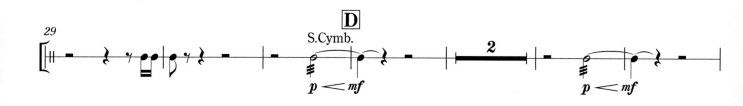

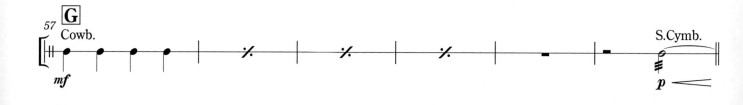
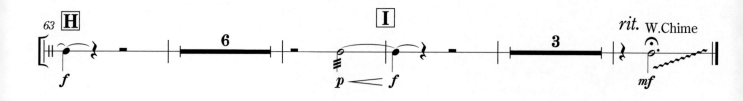

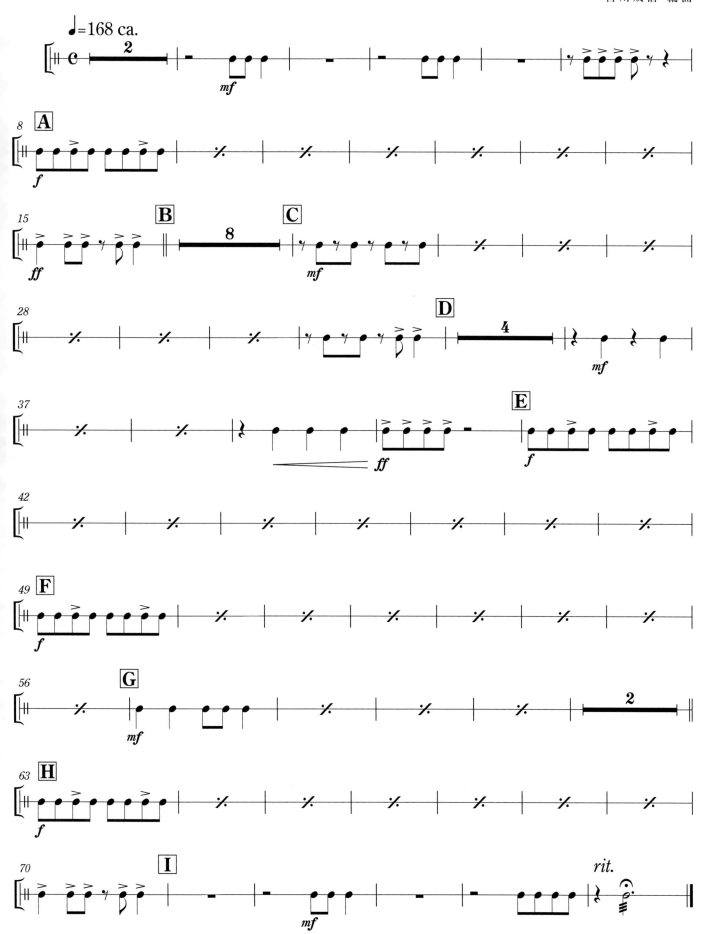

Timpani

君の瞳に恋してない
UNISON SQUARE GARDEN

田淵智也 作曲
宮川成治 編曲

Drums (Easy)

君の瞳に恋してない
UNISON SQUARE GARDEN

田淵智也 作曲
宮川成治 編曲

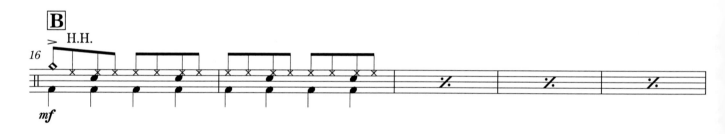

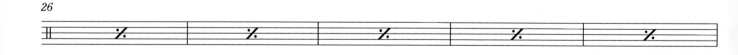

Drums (Normal)

君の瞳に恋してない
UNISON SQUARE GARDEN

田淵智也 作曲
宮川成治 編曲

MEMO

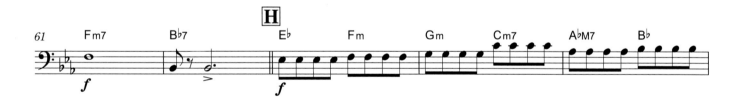

君の瞳に恋してない
UNISON SQUARE GARDEN

Electric Bass

田淵智也 作曲
宮川成治 編曲

B♭ Trumpet 2

君の瞳に恋してない
UNISON SQUARE GARDEN

田淵智也 作曲
宮川成治 編曲

Alto Saxophone 2

君の瞳に恋してない
UNISON SQUARE GARDEN

田淵智也 作曲
宮川成治 編曲

君の瞳に恋してない

UNISON SQUARE GARDEN

Alto Clarinet

田淵智也 作曲
宮川成治 編曲